LEKTÜRESCHLÜSSEL
FÜR SCHÜLERINNEN UND SCHÜLER

William Shakespeare

Romeo and Juliet

Von Kathleen Ellenrieder

Philipp Reclam jun. Stuttgart

Dieser Lektüreschlüssel bezieht sich auf folgende Textausgabe in der Originalsprache: William Shakespeare: *Romeo and Juliet*. Hrsg. von Herbert Geisen. Stuttgart 1994 [u.ö.]. (Reclams Universal-Bibliothek. 9005.)

RECLAMS UNIVERSAL-BIBLIOTHEK NR. 15341

Durchgesehene Ausgabe 2007
Gesamtherstellung: Reclam, Ditzingen
Printed in Germany 2011

ISBN 978-3-15-015341-3

www.reclam.de

Inhalt

1. Hinführung zum Werk

Zu Shakespeares Zeiten war das Theater eine beliebte Volksbelustigung, die einfache Leute wie gebildete Publikumsschichten gleichermaßen erfreute. Shakespeares Bühnenstücke standen besonders hoch im Kurs, da sie die Zuschauer durch lebensnahe Charaktere und eine komplexe, abwechslungsreiche Handlungsführung zu fesseln vermochten.

Verbotene Liebe: ein antikes Motiv

Die Geschichte Romeos und Juliets hat Shakespeare allerdings nicht selbst erfunden: schon in der Antike kreisten etliche Sagen und Legenden um die verbotene Liebe zwischen zwei Menschen. Ein berühmtes Beispiel aus der altgriechischen Dichtung ist die tragische Geschichte von den Königskindern Hero und Leander. Wie die Sage berichtet, durchschwamm Leander jede Nacht heimlich den reißenden Fluss Hellespont, um Hero am anderen Ufer zu besuchen. Als Leander dann eines Nachts in einen Sturm geriet und ertrank, beging Hero Selbstmord.

Auf die Sagen der Antike stießen im 15. und 16. Jahrhundert italienische Humanisten. Sie fanden Gefallen an ihnen

Volksbelustigung: **popular amusement**
gebildet: **educated**
Publikumsschicht: **social class**
erfinden: **to invent**
kreisen: hier: **to develop**
Sage: **legend**
Dichtung: **poetry**
Selbstmord: **suicide**

und machten sie in Europa bekannt. Auf dieser Grundlage verfasste um 1535 der Engländer A. Brooke ein Gedicht mit dem Titel *The Tragicall Historye of Romeus and Juliet.* Etwa sechzig Jahre später entstand dann Shakespeares gleichnamiges Drama. Die berühmte Balkonszene (II,2) und der doppelte Selbstmord der Liebenden (V,3) gehen auf humanistische Vorlagen zurück. Doch Shakespeare entwickelt den »Romeo and Juliet«-Stoff weiter. Seine Charaktere wirken lebensnäher als die der Vorlagen. Vor allem bedeuten die sprachliche Vielfalt sowie das Nebeneinander komischer wie tragischer Elemente, die Shakespeare in das Stück einarbeitet, für das zeitgenössische europäische Theater eine Innovation.

Innovative Umsetzung durch Shakespeare

Vorlage: **pattern**
weiterentwickeln: **to develop further**
Charakter, handelnde Figur: **character**
lebensnah: **realistic**
sprachlich: **idiomatic**
Vielfalt: **variety**
einarbeiten, erarbeiten: **to elaborate**
zeitgenössisch: **contemporary**

2. Inhalt

Shakespeares *Romeo and Juliet* ist nach klassischem Dramenschema in fünf Akte eingeteilt, die insgesamt 24 Szenen umfassen.

Erster Akt

Der Konflikt zwischen den Familien

1. Seit Generationen befehden sich in Verona zwei mächtige Familien, die Capulets und die Montagues. Diener der verfeindeten Häuser beginnen auf einem öffentlichen Platz einen Streit, der nacheinander weitere Vertreter der Capulets und der Montagues auf den Plan ruft. Schließlich stürmen die Familienoberhäupter selbst mit gezogenen Dolchen aufeinander los. Da erscheint der Prinz von Verona, Escalus, und verbietet unter Androhung der Todesstrafe jede weitere Fortsetzung der Fehde.

Nachdem sich der Platz geleert hat, wird das Ehepaar Montague von Benvolio, einem Freund ihres Sohnes Romeo, auf eine Seite gezogen. Benvolio berichtet von merkwürdigen nächtlichen Streifzügen Romeos.

sich befehden: **to be locked in a bitter feud**
verfeindet: **hostile**
Streit: **brawl, quarrel**
Oberhaupt: **head (of the family)**
verbieten unter Androhung der Todesstrafe: **to prohibit under penalty of death**
sich leeren: **to empty**

Als seine Eltern gegangen sind, erscheint Romeo und gesteht Benvolio, unter Liebeskummer zu leiden. Da die von Romeo angebetete Rosaline ins Kloster eintreten will, rät Benvolio seinem Freund, sich eine andere Liebe zu suchen.

2. Im Hause Capulet rüstet man sich derweil zu einem großen Fest. Da spricht Paris vor, ein junger Höfling von Prinz Escalus, und bittet Capulet um die Hand seiner Tochter Juliet. Dieser verspricht dem Freier, für ihn ein gutes Wort bei seiner erst dreizehnjährigen Tochter einzulegen. Als ein Diener Capulets in der Stadt Festeinladungen überbringt, erfährt Romeo, dass Rosaline unter den Gästen sein wird. Daraufhin überredet Benvolio ihn, Capulets Fest zu besuchen.

3. Juliet schmückt sich unterdessen für das Fest. Dabei versucht Lady Capulet, Juliet eine Hochzeit mit Paris schmackhaft zu machen.

4. Romeo und seine Freunde Benvolio und Mercutio maskieren sich derweil, um sich abends unerkannt unter Capulets Gäste zu mischen.

5. Capulet begrüßt die maskierten Montagues freundlich. Als Romeo im Festsaal zum ersten Mal die dreizehnjährige

gestehen: **to confess**
unter Liebeskummer leiden: **to be love-sick**
vorsprechen: **to have an audition with s.b.**
um die Hand von jdm. bitten: **to ask for / to solicit s.b.'s hand in marriage**
ein gutes Wort einlegen: **to put a good word in for s.b.**
jdn. überreden, etw. zu tun: **to persuade s.b. to do s.th.**
unerkannt: **incognito**
jdn. begrüßen: **to welcome s.b.**

Juliet sieht, ist er von ihrem Anblick überwältigt. Sein Ausruf des Entzückens provoziert allerdings einen Eklat: der Neffe des Gastgebers, Tybalt, erkennt Romeo an der Stimme und zieht seinen Dolch. Doch Capulet hält Tybalt eingedenk der Weisung des Prinzen Escalus zurück. Als Tybalt nicht auf Capulet hören will, verweist ihn der Hausherr des Saales; daraufhin schwört Tybalt den Montagues blutige Rache.

Unterdessen kommt es zwischen Romeo und Juliet zum ersten gemeinsamen Gespräch; sie entbrennen in unsterblicher Liebe füreinander. Doch das Liebesglück erhält anschließend einen Dämpfer:

Juliets Amme klärt Romeo darüber auf, in wen er sich da verliebt hat. Daraufhin verabschieden sich Romeo und seine Freunde vom Hausherrn und verlassen das Fest, um weiteren Ärger zu vermeiden.

Unterdessen verrät Juliets Amme ihrem Schützling, dass Romeo ein Montague ist. Juliet reagiert bestürzt.

einen Eklat provozieren: **to cause a stir**
Neffe: **nephew**
jdn. erkennen: **to recognize s.b.**
jdn. zurückhalten: **to call s.b. back**
jdn. des Saales verweisen: **to send/order s.b. out of the room**
Rache: **vengeance**
in Liebe für jdn. entbrennen: **to be inflamed with love for s.b.**
sich verabschieden: **to take one's leave**
Schützling: **charge**

Zweiter Akt

Verbotene Liebe und heimliche Hochzeit

1. Romeo sehnt sich nach Juliet und sucht die Einsamkeit. Sein Freund Mercutio verspottet ihn in dem Glauben, Romeo sei noch immer unglücklich in Rosaline verliebt.

2. Romeo schleicht nachts um das Anwesen der Capulets. Juliet, die sich allein wähnt, steht gerade am Fenster und gibt dort ihre heimlichen Gefühle für Romeo zu erkennen. Romeo hört dies und wagt sich daraufhin aus seiner Deckung. Doch Juliet erschrickt und fragt Romeo, ob er es aufrichtig mit ihr meine. Als Romeo dies bejaht und Juliet seine Liebe schwört, gesteht auch sie ihm die ihre. Trotzdem fühlt sich Juliet von ihren Leidenschaften überwältigt und verwehrt Romeo trotz eigenen Begehrens den Zutritt zu ihrer Schlafkammer. Sie verspricht allerdings, ihn am nächsten Tag zu heiraten. Als plötzlich die Amme nach ihr ruft, fürchtet Juliet, ihre Familie werde Romeo im nächsten Moment entdecken und töten. Romeo verspricht, die heimliche Hochzeit mit der Hilfe seines Beichtvaters in die Wege zu leiten.

sich nach etw./jdm. sehnen: **to long for s.th./s.b.**
jdn. verspotten: **to make fun of s.b.**
heimlich: hier: **true, real**
seine Gefühle zu erkennen geben: **to show his (true) feelings**
erschrecken: **to be startled**
aufrichtig: **honest**
Leidenschaft: **passion**
jdm. den Zutritt verwehren: **to deny entry to s.b.**
in die Wege leiten: **to initiate, prepare**

3. Der Franziskanermönch Laurence, Romeos und Juliets Beichtvater, sammelt vor seiner Zelle Heilkräuter. Romeo bittet ihn um eine heimliche Trauung. Der Pater wirft Romeo mit Blick auf Rosaline Wankelmut vor, erklärt sich aber einverstanden: Er hofft, durch die Vermählung Romeos und Juliets der Fehde zwischen den beiden Familien ein Ende zu setzen.

4. Mercutio und Benvolio mokieren sich derweil über den streitlustigen Tybalt. Die Amme ermahnt Romeo, Juliet nicht ins Verderben zu führen; daraufhin weiht Romeo sie ein und versichert, Juliet noch am selben Tag heiraten zu wollen. Außerdem kündigt er einen nächtlichen Besuch bei Juliet an.

5. Seit Stunden wartet Juliet ungeduldig auf die Rückkehr ihrer Amme; als sie eintrifft, bestürmt das Mädchen sie mit Fragen. Die Amme triezt Juliet und weidet sich an ihrer Ungeduld; erst dann erstattet sie Bericht und schickt Juliet zu Romeo und Frater Laurence.

6. In der Mönchszelle des Paters wartet Romeo bereits sehnsüchtig. Die Liebenden gestehen einander ihre Liebe. Ehe Frater Laurence sie vor den Altar führt, ermahnt er sie zur Mäßigung.

Trauung: **wedding ceremony**
etw. ein Ende setzen: **to end s.th.**
sich über jdn. mokieren: **to sneer at s.b.**
streitlustig: **pugnacious, quarrelsome**
jdn. ins Verderben führen: **to ruin s.b.**
jdn. triezen: **to tease s.b.**
Mäßigung: **moderation**

Dritter Akt

Liebe gegen Hass

1. In einem Gespräch mit Mercutio gesteht Benvolio seine Furcht vor möglichen Racheakten Tybalts. Da erscheinen, kurz nacheinander, Tybalt und Romeo. Nun überschlagen sich die Ereignisse: Tybalt belegt Romeo mit wüsten Schmähungen und fordert ihn zum Kampf. Doch Romeo bittet Tybalt um Frieden. Mercutio, der wie die anderen von Romeos heimlicher Verbindung zu Juliet nichts ahnt, gerät daraufhin in Rage. Er will an Romeos Stelle die Familienehre der Montagues retten und zieht gegen Tybalt seinen Dolch; es entbrennt ein erbitterter Zweikampf. Romeo versucht, die beiden zu trennen, und fällt Mercutio in den Arm. Tybalt nutzt die Gelegenheit, um Mercutio zu erdolchen; sterbend verflucht dieser die beiden verfeindeten Sippen. Daraufhin tötet Romeo Tybalt und ergreift dann die Flucht. Als die Bluttat bekannt wird, fordert Lady Capulet von Prinz Escalus Romeos Tod. Doch Benvolio erinnert daran, dass der von Tybalt gemeuchelte Mercutio ein enger Gefolgsmann des Prinzen war; daraufhin verfügt Escalus Romeos Verbannung aus Verona.

erscheinen: **to appear**
Schmähung: **insult**
Zweikampf: **duel**
trennen: **to separate**
erdolchen: **to stab**
verfluchen: **to curse**
die Flucht ergreifen, fliehen: **to flee**
jdn. an etw. erinnern: **to remind s.b. of s.th.**
Romeos Verbannung verfügen: **to banish Romeo**

2. Die nichts ahnende Juliet wartet unterdessen auf Romeos nächtlichen Besuch. Als sie dann ihre Amme um Tybalt trauern hört, glaubt sie zunächst, Romeo sei tot. Verzweifelt droht sie, sich selbst umzubringen. Als die Amme dann die tatsächlichen Geschehnisse berichtet, reagiert Juliet entsetzt. Sie verbietet aber ihrer Amme, Romeo zu verfluchen. Angesichts der Verbannung ihres Liebsten droht Juliet wiederum damit, sich umzubringen. Daraufhin verspricht ihre Amme, Romeo wie verabredet für den Abend einzubestellen.

3. Als Frater Laurence Romeo über den Bannspruch unterrichtet, verzweifelt Romeo. Da erscheint die Amme und berichtet von Juliets Kummer; Romeo kann daraufhin nur mit Mühe davon abgehalten werden, sich selbst zu erdolchen. Der Pater verspricht, eine Aufhebung des Bannspruchs zu erwirken. Zunächst soll Romeo Juliet heimlich besuchen und während der Morgendämmerung nach Mantua fliehen, um dort auf weitere Nachrichten zu warten.

4. Paris fragt unterdessen bei Capulet nach, ob Juliet seinen Heiratsantrag annimmt. Doch Capulet erklärt, wegen der Aufregung um Tybalts Tod noch nicht mit Juliet gesprochen zu haben. Gleichwohl setzt er die Hochzeit für drei Tage später fest. Damit will er Juliet von ihrem

um jdn. trauern: **to mourn s.b.**
entsetzt: **to be appalled/shocked**
angesichts: **in view of**
Aufhebung, aufheben (Urteil, Gesetz etc.): **to waive**
einen Heiratsantrag annehmen: **to accept an offer of marriage**
die Hochzeit für drei Tage später festsetzen: **to schedule the wedding for three days later**

vermeintlichen Schmerz um Tybalt ablenken. Seiner Frau befiehlt er, sofort alles Nötige für das Fest zu veranlassen.

5. Im Schutz der Dunkelheit besucht Romeo Juliet in ihrer Kammer. Er bleibt länger als vorgesehen, bis die Amme die Liebenden vor der herannahenden Lady Capulet warnt. Diese deutet Juliets Abschiedsschmerz als Trauer um Tybalt und schwört, Romeo in Mantua vergiften zu lassen. Als Nächstes teilt die Mutter Juliet zu deren Bestürzung mit, dass sie Paris heiraten soll.

Gleich darauf erscheint Juliets Vater. Auch er glaubt, Juliet trauere um Tybalt, und will sie mit der Aussicht auf die bevorstehende Hochzeit aufheitern. Doch er erreicht das Gegenteil: Juliet sträubt sich entsetzt. Daraufhin gerät Capulet in hellen Zorn und erklärt die Hochzeit mit Paris zur beschlossenen Sache.

Als die Eltern das Zimmer verlassen haben, versucht auch die Amme, Juliet zur Hochzeit mit Paris zu überreden. Daraufhin fühlt sich Juliet verraten und beschließt, Frater Laurence um Hilfe zu bitten.

jdn. von etw. ablenken: **to take s.b's mind off s.th.**
deuten: **to interpret**
jdn./etw. vergiften: **to poison s.b./s.th.**
jdn. aufheitern: **to cheer s.b. up**
sich sträuben: **to refuse to do s.th.**
etw. zur beschlossenen Sache erklären: **to declare s.th. a decided matter**
verraten: **betrayed**

Vierter Akt

Der Plan des Priesters: Juliets Scheintod

1. Unterdessen berichtet Paris Frater Laurence von seinen Hochzeitsplänen. Da kommt Juliet in die Mönchszelle. Der Pater schickt Paris unter dem Vorwand fort, Juliet die Beichte abnehmen zu wollen. Diese droht, als sie mit Laurence allein ist, im Falle ihrer Verheiratung mit Selbstmord. Daraufhin entwirft der Pater folgenden Plan: Mit Hilfe einer Kräutertinktur soll sich Juliet in einen dreitägigen todesähnlichen Schlaf versetzen. Während dieser Zeit will er Romeo in Mantua benachrichtigen; dieser soll Juliet dann aus der Capulet-Gruft bergen und im Schutze der Dunkelheit nach Mantua entführen.

2. Im Hause Capulet laufen derweil die Hochzeitsvorbereitungen auf Hochtouren. Damit ihre Eltern keinen Verdacht schöpfen, bittet Juliet sie wegen ihres Ungehorsams demütig um Verzeihung. Über den vermeintlichen Sinneswandel seiner Tochter ist Capulet so froh, dass er verfügt, die Hochzeit gleich auf den darauf folgenden Tag vorzuziehen.

3. Bestürzt über den verfrühten Hochzeitstermin zieht sich Juliet unter einem Vorwand zurück. Sie sorgt sich, dass der komplizierte Plan des Paters misslingen könnte. Dann nimmt sie den Schlaftrunk ein.

einen Plan entwerfen: **to work out a plan/scheme**
Tinktur: **potion**
Capulet-Gruft, Familiengruft: **family vault**
Ungehorsam: **disobedience**
Sinneswandel: **change of mind**
Vorwand: **pretext**
misslingen: **to fail**

4. Capulet gehen die Hochzeitsvorbereitungen nicht schnell genug voran, also übernimmt er persönlich die Regie und bleibt die ganze Nacht auf.

5. Als die Amme am nächsten Morgen in Juliets Kammer kommt, wird das Mädchen nicht wach. Da alle sie für tot halten, beginnt ein allgemeines Wehklagen. Der eilends herbeigerufene Pater ermahnt die Trauernden hingegen zur Freude, weil Juliet nun im Himmel sei.

Fünfter Akt

Der Sieg der ewigen Liebe

1. Unterdessen wartet der nichts ahnende Romeo in Mantua auf Nachrichten von seinem Beichtvater. Da trifft plötzlich Romeos Diener Balthasar ein und berichtet, Juliet sei gestorben. Verzweifelt besorgt Romeo Gift, um abends in der Capulet-Gruft an Juliets Seite zu sterben.

2. Inzwischen merkt Frater Laurence in Verona, dass seine gesamte Planung durcheinander geraten ist: sein Ordensbruder John, der eigentlich nach Mantua reiten und Romeo einweihen sollte, ist von der Veroneser Pestwache aufgehalten worden. Frater Laurence beschließt deshalb, selbst in die Capulet-Gruft einzudringen, um Juliets Erwachen abzuwarten.

3. Der trauernde Paris schmückt Juliets Grab mit Blumen. Derweil übergibt Romeo seinem Diener einen Abschieds-

die Regie übernehmen: **to take charge (of s.th.)**
durcheinander geraten: **to get mixed up**
jdn. einweihen: **to let s.b. into a secret (plan)**
jdn. aufhalten: **to delay s.b.**

brief an seinen Vater. Als Romeo versucht, in die Gruft einzudringen, wird er dabei von Paris überrascht, der ihn empört zur Rede stellt. Im anschließenden Zweikampf fällt Paris; sterbend bittet er darum, neben Juliet bestattet zu werden. Zu spät erkennt Romeo, wen er da getötet hat, und erfüllt voller Reue Paris' letzte Bitte. Dann schluckt er neben Juliets Sarg das mitgebrachte Gift und stirbt.

Frater Laurence erreicht in dem Moment die Gruft, als Juliet erwacht; er kann allerdings nicht mehr verhindern, dass sie sich beim Anblick des toten Romeo mit dessen Dolch das Leben nimmt.

Inzwischen ist die Bürgerwache herbeigeeilt; der Pater und Romeos Diener Balthasar, der abseits gewartet hatte, werden festgenommen. Nacheinander erscheinen die Capulets, Prinz Escalus und die Montagues. Während die beiden Elternpaare ihre toten Kinder beweinen, erzählt der Pater die Geschichte Romeos und Julias. Prinz Escalus liest Romeos Abschiedsbrief, der die Angaben des Mönchs bestätigt. Daraufhin gebietet der Prinz den Capulets und den Montagues, miteinander Frieden zu schließen. Diese rei-

Abschiedsbrief: **farewell letter**
eindringen: **to break into**
empört: **(morally) offended, outraged**
zur Rede stellen: **call s.b. to account (for s.th.)**
Reue: **regret, remorse**
letzte Bitte (vor dem Tode): **dying wish**
verhindern: **to prevent**
sich das Leben nehmen: **to commit suicide**
jdn. beweinen: **to mourn s.b.**
bestätigen: **to confirm**

chen einander die Hand und versprechen, dem gemeinsamen Andenken Romeos und Juliets eine goldene Statue zu stiften. Mit einer neuerlichen Ermahnung an die beiden Familien sowie einer Klage über das tragische Ende der Liebesgeschichte schließt der Prinz das Stück.

Andenken: **memory**
stiften: **to donate**
Klage: **lamentation**

3. Personen[1]

Die Hauptpersonen

Romeo ist der Stammhalter der Montagues, einer Veroneser Adelsfamilie. Ehe Romeo selbst auftritt, wird er in der ersten Szene durch seinen Freund Benvolio als melancholischer junger Mann charakterisiert (I,1). Erst danach erfährt das Publikum von Romeo selbst, dass er unglücklich in Rosaline verliebt ist, die ins Kloster strebt. Seinen Liebeskummer zur unerreichbaren Angebeteten beschreibt Romeo in wortgewaltigen Versen: »Oh heavy lightness, serious vanity / Misshapen chaos of well-seeming forms […]« (I,1,177ff.). Die Charakterisierung der Liebe als ein widersprüchliches Erlebnis bittersüßen Schmerzes geht auf die Lyrik des Francesco Petrarca (1304–74) zurück. Thema seiner Gedichte ist die Liebe zu einer idealen Angebeteten. Das Liebesleid des unglücklichen Verehrers wird dabei zum Selbstzweck, weil er durch die Reinheit seiner Liebe geläutert wird.

Stammhalter: **son and heir / daughter and heiress to s.b.**
charakterisieren: **to characterize**
unglückliche Liebe: **unrequited love**
widersprüchlich: **self-contradictory**
Erlebnis: **experience**
Lyrik: **poetry**
Selbstzweck: **end in itself**
Reinheit: **purity**
läutern: **to purify**

Dass sich Romeo zum petrarkistischen Liebhaber stilisiert, weist ihn als Angehörigen der gebildeten Adelsschicht aus, in deren Kreisen Petrarcas Liebeslyrik üblicherweise zum schöngeistigen Privatlehrplan der Zeit gehörte. So spricht Romeos Beichtvater mit freundlichem Spott von auswendig gelernten Gefühlen (II,3,73f.) Romeos Spielerei mit petrarkistischen Schablonen charakterisiert ihn somit als schwärmerische Persönlichkeit einer diffusen romantischen Sehnsucht – nicht nach Rosaline, sondern nach Läuterung. Seine Sehnsucht nach dem Guten potenziert sich, da sie von authentischen Gefühlen getragen wird, als er Juliet begegnet: Um seiner Liebe willen ist Romeo bereit, sämtlichen Konventionen seiner Umgebung zu trotzen. So antwortet er auf eine Beleidigung durch Juliets Cousin Tybalt zur allgemeinen Überraschung mit einem demütigen Friedensangebot (III,1). Als ihm Freund und Feind seine Geste als Schwäche auslegen, kommen ihm jedoch Zweifel: »Oh sweet Juliet, / Thy beauty hath made me effeminate« (III,1,113f.). So fällt Romeo in alte Muster zurück und tötet Tybalt; daraufhin flüchtet er. Doch er entkommt dem Schicksal nicht; am

Gespielte Liebe wird zur wahren Liebe

stilisieren: **to stylize**
auswendig lernen: **to learn by memory**
schwärmerisch, schwärmen: **to gush**
das Gute: **purity, goodness**
jdm./etw. trotzen: hier: **to defy s.b./s.th.**
Beleidigung: **insult**
Zweifel: **doubt(s)**
Schicksal: **destiny**

Ende steht Romeos eigener Tod, denn Romeo hat Schuld auf sich geladen. Frühere Ermahnungen seines Beichtvaters, seine Leidenschaften zu zügeln (II,6,9–15), hat Romeo offensichtlich in den Wind geschlagen. Dabei gilt Mäßigung als zentrale Tugend, die den Menschen vor sündhaften Exzessen bewahrt. Weil es Romeo an Mäßigung mangelt,[2] gewinnt seine Impulsivität immer wieder die Oberhand über seine Vernunft – und fordert damit das Schicksal heraus. Er wird das Opfer einer Verkettung von Zufällen, die ihre unselige Wirkung letztendlich im Zusammenwirken mit seiner Unvernunft entfalten: Romeo wartet entgegen der Weisung seines Beichtvaters nämlich nicht im Exil auf Nachrichten, sondern dringt auf eigene Faust ins Grab der totgeglaubten Juliet ein – und vergiftet sich dort.

Widersprüchlicher Charakter

Romeo ist eine komplex angelegte Figur, die voller Widersprüche steckt: Einerseits versucht er, durch seine Liebe zu Juliet aus der Gewaltspirale der Generationenfehde auszubrechen und damit die Realität zum Guten

(moralische) Schuld: **guilt**
Leidenschaft: **passion**
Tugend: **virtue**
sündhaft: **sinful**
Impulsivität: **impulsiveness**
Vernunft: **reason**
Opfer einer Verkettung von Zufällen: **victim of coincidence**
totgeglaubt: **to be supposed dead**
komplex angelegt sein: **to have a complex structure**
ausbrechen: **to break out**

hin zu verändern. Andererseits bleibt er in überkommenen Verhaltensmustern verhaftet, weil die Fehde zu sehr Teil seines männlichen Ehrbegriffs ist.

Juliet ist die schöne, erst dreizehnjährige Tochter des Hauses Capulet. Zu Beginn des Stücks wirkt Juliet recht kindlich, etwa als sie den anzüglichen Scherzen ihrer Amme geniert ausweicht (I,3). Zu dem von Hass und Gewalt geprägten Umfeld steht die Unschuld des blutjungen Mädchens somit in deutlichem Kontrast.

Als Juliet Romeo begegnet und sich auf den ersten Blick in ihn verliebt, steht ihren Gefühlen zunächst die als selbstverständlich hingenommene Feindschaft zu den Montagues gegenüber. Juliet reagiert deshalb am Ende des 1. Aktes zunächst bestürzt, als sie von Romeos Identität erfährt (I,5, 138–141). Ihre unverändert starken Gefühle bewirken in ihr jedoch eine Veränderung: Weil Romeos Name für ihre Liebe das einzige Hindernis darstellt (II,2,35 f.), lernt Juliet, den Namen vom tatsächlichen Wesen seines Trägers zu unterscheiden (II,2,40–44). Weil Äußerlichkeiten den Blick auf die tatsächliche Beschaffenheit einer Person oder Sache ver-

überkommene Verhaltensmuster: **conventional behaviour patterns**
kindlich: **childlike**
anzügliche Scherze: **indecent jokes**
Unschuld: **innocence**
etw. als selbstverständlich hinnehmen: **to take s.th. for granted**
Hindernis: **obstacle**
Wesen, Charakter: hier: **true character**
Äußerlichkeiten: **outward appearances**
den Blick auf etw. verstellen: **to hide s.th.**

stellen (II,2,43–48), begreift Juliet sie als trügerisch und nichtig (vgl. II,2,45 ff.) und entsagt ihnen (II,2,35 f.).

Der Gedanke, dass die Welt vom Gegensatz zwischen äußerem Schein und innerem Sein durchzogen sei, stammt aus dem christlichen Mittelalter. Demnach gelten irdische Güter wie Schönheit, Glück oder Ansehen (das mit dem Namen eines Menschen verbunden ist) als trügerisch und vergänglich. Sie lenken den Menschen vom wahren Sinn und Ziel seines irdischen Lebens ab.

Nach christlichem Verständnis stellt nämlich das irdische Schicksal eines Menschen lediglich eine Probe dar, in deren Verlauf sich der Mensch das ewige Leben durch Gottesfurcht und Nächstenliebe verdienen muss. Wer sich dabei von nichtigen Äußerlichkeiten ablenken lässt, verfällt der Sünde (in diesem Stück: Hass und Gewalt).

Da auf schwere Sünden notwendigerweise – und auch nicht nur und erst im Jenseits – die Verdammung folgt, verlieren die Häuser Montague und Capulet am Ende des Stücks mit Romeo und Juliet ihre einzigen Nachkommen und sind somit dem Untergang geweiht (vgl. S. 17 f.).

trügerisch: **false**
nichtig: **idle, vain**
Gegensatz zwischen äußerem Schein und innerem Sein: **the difference between true character and outward appearance**
irdische Güter: **worldly goods**
vergänglich: **vain, transitory**
nach christlichem Verständnis: **according to Christian doctrine**
Gottesfurcht und Nächstenliebe: **piety and charity**
der Sünde verfallen: **to take to sin**

Verkörperung der idealen Liebe

Inmitten dieses Klimas der Sünde verkörpert nun Juliet das Ideal der reinen Liebe,[3] die auf die Wahrheit der Dinge gerichtet ist. Mit körperlicher Anziehung hat dieses Liebesideal nichts zu tun; gemeint ist vielmehr die spirituelle Zuneigung (»Sympathie«) zwischen verwandten Seelen (auch Romeo liebt Juliet ohne Ansehen ihres Namens). Diese Liebe führt nach christlicher Lesart geradewegs zu Gott.

Als Sünde hingegen gelten Liebesbeziehungen, die primär auf sexuellen Genuss gegründet sind. Aus diesem Grund überzeugt sich Juliet bei Romeos erstem Besuch zunächst einmal davon, dass er nicht durch ihre äußere (vergängliche) Schönheit von der reinen, selbstlosen Liebe abgelenkt wird: »Dost thou love me?« (vgl. II,2,90). Um jede Gefahr zu bannen, legt sie Romeo nahe, seine Leidenschaften zu mäßigen, weil diese nach christlichem Verständnis vergänglich sind (II,2,118). Juliet selbst bewahrt deshalb auch im Augenblick höchsten Glücksempfindens Mäßigung. So begnügt sie sich vor dem Traualtar mit einfachen, wenn auch herzlichen Worten, während sich Romeo in hymnischen Liebesbezeugungen ergeht (II,6). Daraufhin mahnt Juliet den Geliebten

etw. verkörpern: **to embody s.th.**
spirituelle Zuneigung: **spiritual attachment**
verwandte Seelen: **kindred spirits**
sexueller Genuss: **sexual pleasures**
selbstlos: **unselfish, disinterested**
mäßigen: **to moderate**
sich mit einfachen Worten begnügen: **to make do with simple words**

wieder: »Conceit, more rich in matter than in words / Brags of his substance, not of ornament« (II,6,30f.).

Dass Juliet bei aller Mäßigung tatsächlich ebenso uneingeschränkt liebt wie Romeo, bezeugt ihr fester Wille, niemals einem anderen Mann anzugehören. Sie ist bereit, um ihre Liebe zu kämpfen und notfalls dafür zu sterben: Als ihr eine Ehe mit Paris aufgezwungen werden soll und Romeo aus Verona verbannt wird, erwägt Juliet, sich umzubringen (III,5,201f.). In dem gefahrvollen Plan, den ihr Beichtvater daraufhin ausheckt, um sie wieder mit Romeo zusammenzuführen, übernimmt Juliet ebenso entschlossen wie todesmutig die ihr zugewiesene Aufgabe: Sie lässt sich als Scheintote begraben. Nachdem der Plan jedoch fehlschlägt und Juliet in der Gruft neben dem toten Romeo erwacht, nimmt sie sich das Leben. Sie handelt aus einer unbeirrbaren Konsequenz heraus: Angesichts ihrer Veroneser Lebenswelt, in der nur Äußerlichkeiten wie Namen und Ansehen, Macht und Reichtum zählen, die wiederum ständig durch Hass, Gewalt und Tod bedroht werden und somit in doppeltem Sinne vergänglich sind, erscheint Juliet einzig die von Äußerlichkeiten unabhängige reine Liebe als beständig und damit wahrhaftig. Da sich die gesellschaftlichen Realitäten aber dieser Liebe verschließen, verliert Juliets Leben Sinn und Ziel. Trotzdem stirbt mit Juliet lediglich ein Individuum, nicht das von ihr verkörperte Liebesideal. Denn bei aller Tragik enthält der Schluss des Stücks mit der Wiederherstellung öffentlicher Ordnung und Harmonie einen optimistischen Ausblick auf die Zukunft der zuvor kritisierten Gesellschaft.

jdm. etw. aufzwingen: **to force s.th. upon s.b.**

Der gute Geist der Liebenden

Friar Laurence[4] ist der gemeinsame Beichtvater und Vertraute der Liebenden. Er kennt Romeos Hang zur Leidenschaft, die immer wieder über die Vernunft zu siegen und somit die Sünde zu gebären droht; deshalb mahnt er die Liebenden in ihrem Glück zur Mäßigung (II,6).

Mit der heimlichen Trauung hofft der Beichtvater, die Fehde zwischen den verfeindeten Familien endlich zu beenden (II,3,87f.). Nach dem vorläufigen Höhepunkt der Gewalt (III,1) und dem Bannspruch gegen Romeo stellt sich Frater Laurence an die Spitze einer positiven Gegenbewegung: Mittels eines Komplotts zur Wiedervereinigung der beiden Liebenden versucht der Gottesmann, die gesellschaftlichen Realitäten doch noch zum Besseren zu wenden.

Sein Plan scheitert; am Ende des Stückes ermöglicht Frater Laurence aber immerhin die Wiederherstellung der universellen Ordnung durch den Prinzen Escalus, indem er ihm die vollständige Geschichte des toten Paares erzählt. Somit sind die Liebenden für die Nachwelt rehabilitiert.

Vertraute/r: **confidente/confident**
Sieg der Leidenschaft: **victory of passion**
Gegenbewegung: hier: **positive movement**
Wiedervereinigung: **reunion**
scheitern: **to fail**
Wiederherstellung der universellen Ordnung: **restoration of the natural order**

Die Personengruppe um Romeo

Mercutio ist Edelmann und ein Freund Romeos, wird im Stück also dem Hause Montague zugerechnet. Sein Name leitet sich vom lateinischen *mercurius* (Quecksilber) her und spielt auf Mercutios lebensfrohe und schlagfertige Persönlichkeit an. Mit seinen kurzweiligen Geschichten und Scherzen setzt Mercutio im Verlauf der Handlung immer wieder komödiantische Akzente. So macht er sich über Romeo lustig, als dieser seiner Liebe zu Juliet Luft verschafft (II,1). Seine anzüglichen Scherze im Gespräch mit Romeo, Benvolio und Juliets Amme in II,4 erzeugen eine beinahe gelöste, optimistische Stimmung und läuten zusammen mit der ebenfalls komödiantisch gehaltenen Folgeszene das Ende des 2. Aktes ein. Umso größer wirkt der Kontrast zum feindseligen, gewalttätigen Beginn des 3. Aktes. Hier stirbt Mercutio: Trotz seines Humors hat auch er die Fehde zwischen den Capulets und den Montagues verinnerlicht. Dies und seine Loyalität zum Hause Montague werden ihm zum Verhängnis, und er fällt im Kampf mit Tybalt. Sein Tod

Der Spaßvogel

zurechnen: hier: **to group with**
lebensfroh, lebenslustig: **gay, sensuous** (sinnenfroh)
schlagfertig: **ready-witted**
kurzweilige Geschichten und Scherze: **entertaining stories and jokes**
gelöste Stimmung: **relaxed mood/atmosphere**
komödiantisch: hier: **comic**
feindselig: **hostile**
gewalttätig: **violent**
etw. verinnerlichen: **to internalize s.th.**

erscheint ebenso tragisch wie burlesk: ehe er stirbt, witzelt Mercutio noch über den Tod (III,1,98), verflucht dann aber zuletzt die verfeindeten Familien und lässt somit das tragische Finale erahnen. Mercutio ist ganz die Erfindung Shakespeares; er verkörpert den diesseitsorientierten, lebenslustigen Renaissancemenschen, der gleichzeitig Tod und Verderben allgegenwärtig weiß.

Der Gutmütige

Benvolio ist ein Vertrauter Romeos. Er verhält sich stets loyal und umsichtig und überdies ernsthafter als der Spaßvogel Mercutio; so begegnet Benvolio Romeos Melancholie mit Anteilnahme statt mit Spott (I,1).

Sein Name leitet sich vom lateinischen *benevolens* her und bedeutet etwa ›der Wohlwollende‹. Zank und Streit sind Benvolios Sache nicht; so versucht er den Dienerstreit in der ersten Szene zu schlichten (I,1,62f.). Im Gegensatz zu Mercutio und Romeo lässt sich Benvolio vom hitzköpfigen Tybalt nicht provozieren; deshalb gerät er auch nicht in den Kampf in III,1.

Montague und **Lady Montague** sind Romeos Eltern. Lady

tragisch: **tragic**
burlesk: **burlesque, farcical**
witzeln, Witze reißen: **to joke, to crack jokes**
allgegenwärtig: **omnipresent**
umsichtig: **prudent**
ernsthaft: **serious**
Anteilnahme: **sympathy**
wohlwollend: **benevolent**
schlichten: **to mediate (between ... parties)**
jdn. provozieren: **to provoke s.b.**

Montague tritt lediglich in der ersten Szene kurz in Erscheinung; sie warnt ihren Mann davor, sich von Capulet provozieren zu lassen. Doch er hört nicht auf seine Frau und stürmt mit gezogener Klinge auf Capulet los.

Erst in V,3 tritt Montague wieder auf; Lady Montague ist inzwischen aus Kummer über Romeos Verbannung gestorben. Montague akzeptiert am Ende Capulets Versöhnungsangebot und verspricht, Juliet eine Statue zu stiften.

Die Personengruppe um Juliet

Capulet und **Lady Capulet.** Capulet ist ein hitzköpfiger und schwacher Charakter, was er durch sexuelle Abenteuer mit dem weiblichen Dienstpersonal zu kompensieren versucht (IV,4,10f.). In seinem Verhalten ist Capulet ebenso irrational wie unberechenbar. So widerspricht seine anfängliche Bereitschaft, Juliet nicht gegen ihren Willen zu verheiraten (I,2,10f.), seinem späteren willkürlichen Verhalten: Er droht Juliet mit Verstoßung, falls sie Paris nicht heiratet (III,5,141–196), und verlegt in IV,2 die Hochzeit unverse-

auf jdn. losstürmen: **to leap at s.b.**
(Capulets) Versöhnungsangebot akzeptieren: **to accept (Capulet's) offer of reconciliation**
jdm. eine Statue stiften: **to have a statue erected (in Juliet's memory)**
hitzköpfig: **impulsive**
schwacher Charakter: **weak character**
unberechenbar: **unpredictable**
jdn. verheiraten: **to marry s.b. off to s.b.**
willkürliches Verhalten: **arbitrary behaviour**
jdn. verstoßen: **to disown s.b.**

hens um einen Tag vor. In seiner sprunghaften Art wird Capulet durch den Jähzorn und die Machtgier seiner jungen Frau bestärkt, unter deren Pantoffel er steht (I,1,74f.). Juliets Eltern nehmen an der traditionellen Fehde mit den Montagues einen aggressiveren Anteil als das gegnerische Ehepaar; so ist es Capulet, der Montague in der ersten Szene provoziert (I,1,76f.). In der letzten Szene ist es allerdings auch Capulet, der Montague als Erster die Hand zur Versöhnung ausstreckt (V,3,296ff.). Seine späte Einsicht beweist bei allem Jähzorn einen im Grunde guten Charakter, in dem letztendlich doch der gute Wille über die Leidenschaft obsiegt.

Vertraute und Verräterin

Die alte Amme ist Juliets Vertraute und damit das Pendant zu Romeos Freund Benvolio. Sie ist in die heimlichen Besuche und Pläne der Liebenden eingeweiht und fungiert zwischen ihnen als Botschafterin (II,4). Im entscheidenden Moment allerdings verliert sie Juliets Vertrauen, weil sie sich dem Druck der Realität beugt und sie ihrerseits zur verhassten Hochzeit mit Paris drängt (III,5,214–226).

sprunghaft: **flighty**
Jähzorn: **violent temper, irascibility**
Machtgier: **lust for power**
unter jds. Pantoffel stehen: **to be hen-pecked**
späte Einsicht: **to come to realize s.th. too late / to realize s.th. too late**
Pendant: **equivalent**
fungieren: **to serve as**
Botschafter/in: **messenger**
sich dem Druck der Realität beugen: **to yield to reality**
jdn. zu etw. drängen: **to urge s.b. to do s.th.**

Tybalt ist ein cholerischer Charakter (III,1,121), der in jedem seiner Auftritte Streit sucht. In seinem leidenschaftlichen Jähzorn missachtet er jegliche Regeln des harmonischen Zusammenlebens: In der ersten Szene sorgt Tybalt für die Eskalation des Dienerstreits, auf Capulets Fest zieht er entgegen dem Gastrecht gegen Romeo seinen Dolch (I,5), und in III,1 enden seine Provokationen in einem tödlichen Kampf, in dem er selbst fällt. Doch Tybalts Störungen des öffentlichen Ordnungsgefüges im Staatswesen von Verona wirken nach seinem Ende weiter: Romeo wird verbannt, und Lady Capulet fordert Blutrache.

cholerischer Charakter: **choleric character**
Streit suchen: **to look for a fight**
missachten (Gesetz usw.): **to disregard**
Gastrecht: **rules of hospitality**
Störung des öffentlichen Ordnungsgefüges: **disruption of public order**
Blutrache: **vendetta**

4. Die Struktur des Werks

Romeo and Juliet ist ein Drama (griech.: ›gespielte Handlung‹), genauer gesagt: eine Tragödie. Die ursprüngliche Definition der Tragödie stammt aus der Dramentheorie des Aristoteles. In der Antike waren Tragödien ernste Theaterstücke, deren Handlung den Aufstieg und Fall eines guten (adligen oder königlichen) Helden zeigte. Sein tragisches Schicksal sollte im Publikum Mitleid, Furcht und Schrecken (griech. *katharsis*) erzeugen, um die Menschen zu läutern.

Im Mittelpunkt von *Romeo and Juliet* steht ein tragisches Heldenpaar, aus dessen traurigem Schicksal die Zuschauer Lehren ziehen können. Erste Hinweise hierzu sowie einen Ausblick auf die folgende Geschichte liefert ein Prolog (Vorrede), der das Stück nach antikem Vorbild mit dem Auftritt eines klassizistischen Chors eröffnet.

Die eigentliche dramatische Handlung gliedert sich in fünf Akte; am Beginn des 2. Aktes (nach der Exposition oder Einführung in die Handlung und das Figurentableau) tritt wiederum der Chor auf und übermittelt eine erneute Vorausdeutung der folgenden Handlung.

Insoweit orientiert sich die Struktur des Stücks an klassischen Vorbildern; die antiken Vorgaben zum inneren

Dramentheorie: **theory of drama**
Schicksal, Los: **fortune**
Mitleid erzeugen: **to move, to affect**
läutern: **purify**
Lehren aus etw. ziehen: **to draw lessons from s.th.**
Vorbild; nach dem Vorbild von: **model, pattern; after the model of**
sich in … Akte gliedern: **to be divided into … acts**

Aufbau der Tragödie übernimmt Shakespeare hingegen nicht: Er setzt das zentrale klassische Gebot der Einheit des Ortes, der Zeit und der Handlung aus. Während die klassische Tragödie nur einen Schauplatz kennt, wechseln in *Romeo and Juliet* die Orte der Handlung in nahezu jeder Szene, und die Handlungsdauer umfasst statt 24 Stunden vier Tage und Nächte. Ort und Zeit sind also entgegen der Tradition nicht formal einheitlich gestaltet, sondern richten sich nach den Erfordernissen der dramatischen Handlung. Diese erscheint dadurch lebensnaher, »wahrscheinlicher«. Außerdem hat Shakespeare das dramatische Geschehen komplexer angelegt, als dies eine Tragödie in klassischer Form erlaubt hätte. So beschränkt sich die Handlung nicht auf einen einzelnen Strang, sondern gliedert sich in eine Haupt- und eine Nebenhandlung[5]: Da ist zum einen die private Liebesgeschichte zwischen Romeo und Juliet, zum anderen die Entwicklung der Familienfehde und deren Auswirkungen auf die öffentliche Ordnung in Verona. Verbunden sind die beiden gegensätzlich zueinander verlaufenden Handlungsstränge über die beiden Hauptfigu-

Unterschiede zur klassischen Tragödie

Ort, Zeit, Handlung: **place, time, action**
entgegen: **as opposed to**
Tradition, Regel: **convention**
einheitlich: **uniform**
lebensnah: **realistic**
»wahrscheinlich«, anschaulich: **vivid, expressive**
Haupt-/Nebenhandlung: **main/subsidiary plot**
öffentliche, staatliche Ordnung: **public order**
Hauptfigur: **protagonist**

ren, Romeo und Juliet. So beginnt die private Handlung mit romantischer Sehnsucht, gefolgt von einem kurzen Liebesglück (II,2), dessen Höhepunkt bereits von Unglück und Tod überschattet wird (III,5) und somit das tragische Ende der Liebenden (V,3) vorausahnen lässt. Die öffentliche Ordnung hingegen präsentiert sich zu Beginn des Stücks im Zustand des Aufruhrs (I,1), der später im Tod Mercutios und Tybalts sowie in der Verbannung Romeos gipfelt (III,1). Erst nach Eintreten der Katastrophe (V,3), dem Tod der beiden Hauptfiguren, setzt sich am Ende des Stücks die Autorität von Prinzregent Escalus durch. Die verfeindeten Familienoberhäupter schließen über den Leichen der Liebenden für alle Zukunft Frieden.

Die Handlungsführung

Der **erste Akt** stellt die erbitterte Dauerfehde zwischen den Häusern Capulet und Montague vor, welche die öffentliche Ordnung in Verona in Unruhe versetzt. Inmitten dieses hasserfüllten Klimas verlieben sich ausgerechnet die Kinder der verfeindeten Familien ineinander – Romeo und Juliet. Im **zweiten Akt** besiegeln Romeo und Juliet ihre verbotene Liebe vor dem Traualtar; die heimliche Zeremonie und auch der zweite Akt schließen mit der stillen Hoffnung nach Ordnung und Harmonie in Verona. Doch im **dritten Akt**

(Liebes-)Glück: **bliss, happiness**
Höhepunkt: **climax**
Tod(esahnung): **presentiment of death**
überschatten: **to overshadow**
gipfeln: **to climax in + -ing**-Verb oder Hauptwort
Katastrophe: **catastrophe**
in Unruhe versetzen: **to upset**

gewinnen wieder Hass und Gewalt die Oberhand über die Liebe (Wende): ein heftiger Kampf fordert auf beiden Seiten Tote; einer davon ist Juliets Cousin Tybalt, den Romeo ersticht. Die Liebe zwischen Romeo und Juliet ist daraufhin ernsthaft gefährdet, weil Romeo aus Verona verbannt und Juliets Hochzeit mit Paris in die Wege geleitet wird.

Im **vierten Akt** droht Juliet angesichts dieser Entwicklung mit Selbstmord; Frater Laurence entwirft daraufhin einen Plan, um die Liebenden wieder zusammenzuführen. Diese positive Gegenbewegung vermag die nahende Katastrophe allerdings nur hinauszuzögern (Retardation).

Im **fünften Akt** schlägt der Plan des Paters nämlich auf Grund einer Verkettung unglücklicher Umstände fehl. Es kommt zur Katastrophe: Romeo und Juliet begehen Selbstmord. Erst die Aussöhnung ihrer Familien stellt daraufhin die öffentliche Ordnung wieder her.

wiederherstellen: **to restore**

5. Dramatische Darstellung und Sprache

Shakespeare führt in seinen Dramen eine lebensnahe Sprache, mit der sich ein breites Publikum identifizieren kann. Damit betrat er in seiner Zeit Neuland. In England herrschten nämlich noch die Regeln der aristotelischen Dramentheorie vor, deren Hütern allein die an rhetorischen Sprach- und Stilfiguren reiche klassische Tragödie als wahres Theater galt. Weil Tragödien in der Antike meist bei Hofe aufgeführt wurden, waren ihre Helden samt und sonders Könige oder – wie in *Romeo and Juliet* – Adlige. Die Komödie hingegen unterhielt mit derben Scherzen und lächerlichen Geschichten über einfache Leute das breite Publikum.

Aufhebung der klassischen Ständetrennung

Im klassischen Theater herrschte also eine strenge Ständetrennung. Shakespeare dagegen bringt in seinen Dramen Figuren aus hohen und niederen Bevölkerungsschichten nebeneinander auf die Bühne. Dabei charakterisieren sie sich zum überwiegenden Teil über Sprachstil und Wortwahl: Die Figuren von niederem sozialen Rang sprechen wie im richtigen Leben vorwiegend Alltagssprache,

derbe Scherze: **gross/coarse jokes**
lächerliche Geschichten über einfache Leute: **ridiculous stories about simple people**
Ständetrennung: **distinction of ranks**
charakterisieren: **to characterize**
niederer (sozialer) Rang: **low rank**

sie scherzen und fluchen (niederer Stil). Vergleichsweise eloquent ist die Sprache der adligen Figuren, etwa des Prinzen Escalus oder Romeos und Juliets in der berühmten »Balkonszene« II,2 (hoher Stil). Die traditionelle »Stilbarriere« zwischen Figuren aus hohen und niedrigen Bevölkerungsschichten weicht Shakespeare allerdings auf: Den derben Scherzen der alten Amme stehen die anzüglichen Witze von Romeo und seinen Freunden in nichts nach.

Mischung in Sprache und Stil

Indem Shakespeare tragische und komödiantische Stil- und Sprachelemente miteinander vermengt, vermag er den Bedürfnissen und Erwartungen eines gemischten Publikums Rechnung zu tragen. Mit *Romeo and Juliet* kommen aber gerade auch die gebildeten Publikumsschichten auf ihre Kosten, da der Text zahlreiche literarische Anspielungen (intertextuelle Verweise) enthält, so zum Beispiel auf die antike griechische oder angelsächsische Mythologie oder auf die Lyrik des italienischen Renaissancedichters Francesco Petrarca.

Intertextualität

eloquent, redegewandt: **eloquent**
Bedürfnis: **requirement**
Erwartung: **expectation**
auf seine Kosten kommen: **to enjoy**
literarische Anspielung: **literary allusion**

Die dramatische Sprache[6]

Petrarkismen und die Sprache der Liebe

Figurencharakterisierung durch Sprache

Romeos Sprache verrät viel über seinen Charakter. So deklamiert Romeo zu Beginn des Stückes Verse, in denen er seiner unglücklichen Liebe zu Rosaline Ausdruck verleiht:

> ROMEO. Why then, O brawling love, O loving hate,
> O anything, of nothing first create!
> O heavy lightness, serious vanity,
> Misshapen chaos of well-seeming forms […]. (I,1,175 ff.)

Auffällig sind die gegensätzlichen Begriffspaare (z. B. »loving hate«), Oxymora (Sing.: Oxymoron) genannt. Sie beschreiben ein in sich widersprüchliches Liebesgefühl, das gleichzeitig von der Sehnsucht des Schmachtenden nach seiner unerreichbaren Angebeteten geprägt ist wie von dem Wissen, dass diese verzehrende Liebe ihn zerstören wird. Rosaline, so erfährt das Publikum, strebt ins Kloster und ist somit für Romeo tabu. Deshalb erfreut sich Romeo gewissermaßen stellvertretend an der rhetorischen Selbstbespiegelung in Bezug auf seine ideale Angebetete. Hierzu erhebt er seine Liebe zu ihr rhetorisch in quasi-himmlische Sphären (vgl. Z. 176).

(seinen Gefühlen) Ausdruck verleihen: **to express one's feelings**
gegensätzliches Begriffspaar: **oxymoron**
widersprüchliches Liebesgefühl: **conflicting sentiments**
Selbstbespiegelung: **self-reflection**
in Bezug auf: **concerning**
jdn./etw. in himmlische Sphären erheben: **to hold s.b. /s.th. sacred**

Was an dieser Stelle als vergeistigte Spielerei daherkommt, hat in der Tat wenig mit wahren Gefühlen zu tun. Seinen Liebesdiskurs hat Romeo nämlich aus der zu Shakespeares Zeiten weltbekannten Liebeslyrik des italienischen Dichters Francesco Petrarca (1304–74) entlehnt. Thema der Gedichtzyklen Petrarcas ist die Liebe zu einer unerreichbaren Angebeteten, die in der Phantasie des schmachtenden Verehrers zur Heiligen überhöht wird. Obwohl der Verehrer weiß, dass ihn sein Schmachten zerstören wird, kann er von seiner Liebe nicht lassen: Die Liebe zur höher gestellten Frau erhöht ihn selbst.

In die Rolle des petrarkistischen Helden schlüpft nun Romeo; was verrät dies über seinen Charakter? Zunächst einmal wird deutlich, dass seine Liebe zu Rosaline nur gespielt ist; dies vermutet ja auch sein Beichtvater (vgl. II,3,84). Romeo präsentiert sich als unreifer junger Mann, der sich in Wahrheit bestenfalls danach sehnt, erwachsen zu werden und die sprichwörtliche wahre Liebe zu erfahren. Dies ist tatsächlich der Fall, als Romeo später auf Juliet trifft. Dass er sich ernsthaft in sie verliebt, verrät seine Sprache:

vergeistigte Spielerei: **intellectual game**
wahre Gefühle: **true feelings**
Liebesdiskurs: **discourse on love**
entlehnen: **to borrow s.th. from**
Verehrer: **admirer**
schmachten: **to pine for s.b./s.th.**
petrarkistisch: **in the style of Petrarch**
die sprichwörtliche wahre Liebe erfahren: **to experience true love**
sich ernsthaft in jdn. verlieben: **to fall seriously in love with s.b.**

ROMEO. 'Tis torture, and not mercy. Heaven is here,
Where Juliet lives. And every cat and dog
And little mouse, every unworthy thing
Live here in heaven and may look on her.
But Romeo may not [...]. (III,3,29–33)

Zwar beschreibt Romeo wiederum Gegensätze; so enthält das Zitat eine Antithese (Z. 29) sowie ein Paradoxon (indem Romeo die geliebte Frau rhetorisch in den Himmel erhebt, wo sie von »unwürdigen« Kreaturen geschaut wird); dieses auf den ersten Blick widersinnige Bild veranschaulicht die von Romeo empfundene Härte seiner Trennung von Juliet. Im Unterschied zu I,1 erfüllen die rhetorischen Schmuckelemente in Romeos Sprache diesmal aber keinen spielerischen Selbstzweck, sondern veranschaulichen authentische Gefühle.

Was besagt nun dieser Wechsel in der Diktion (Sprachstil) über Romeos Charakter? Offensichtlich ist Romeos Liebe zu Juliet nicht blutleere Lyrik (II,3,84). Im Vergleich zu I,1 wird nahe gelegt, dass sich Romeo zu einer ernsthaften und gleichzeitig stark empfindsamen Persönlichkeit geläutert habe.

Gegensätze beschreiben: **to describe opposites**
Antithese: **antithesis**
widersinnig: **nonsensical**
rhetorische Schmuckelemente: **figures of speech**
authentische Gefühle: **authentic emotions**
Diktion, Sprachstil: **style of language**
blutleer: hier: **academic**
im Vergleich zu: **in comparison to**
empfindsam: **sensitive**

Wortwitz und derbe Scherze

Romeos Freund Mercutio zum Beispiel fällt durch seine besondere Vorliebe für anzügliche Wortspiele auf. Ein Beispiel:

> MERCUTIO. […] this drivelling love is like a great natural that runs […] up and down to hide his bauble in a hole. (II,4,87ff.)

Hier ist eben nicht allein von einem Narren (»natural« meint hier: Idiot) und dessen Narrenzepter (»bauble«) die Rede. Vielmehr meint »bauble« hier das männliche Glied; das Wort »hole« spielt in obszöner Weise auf die Vagina an. Mercutios Wortwahl und Sprachspielereien charakterisieren ihn als lebensfrohen, gut aufgelegten und schlagfertigen jungen Mann.

Nebeneinander von Versen und Prosa

In *Romeo and Juliet* sind einige Passagen (z. B. weite Teile von II,4) in Prosa gehalten, was den gängigen elisabethanischen Stilvorstellungen gar nicht entsprach:

> NURSE. […] But first let me tell ye, if ye should lead her into fool's paradise, as they say, it were a very gross kind of behaviour, as they say […]. (II,4,158 ff.)

Wortspiel: **play on words;** Paronomasie (Spiel mit Worten gleichen Klangs und unterschiedlichen Bedeutungen): **pun**
anspielen auf: **to allude to**
obszön: **obscene**
gut aufgelegt sein: **to be in a good mood**

Diese metrisch ungebundene Rede imitiert die gesprochene Sprache der einfachen Leute: Neben der umgangssprachlichen Anrede »ye« enthält sie Füllworte (»as they say« = sozusagen) und reiht im Satzbau scheinbar ungeordnete Gedankenstränge der Sprecherin aneinander.

Die Prosapassagen bilden einen klaren Kontrast zur ansonsten überwiegend rhythmisch durchgeformten dramatischen Sprache in *Romeo and Juliet.* Doch selbst hier wagt es Shakespeare im Gegensatz zu den Regeln der klassischen Tragödie nicht, seine Dramenverse durchgehend im metaphernreichen hohen Stil zu gestalten. Auch kehrt er sich vom Reimzwang und den strengen Betonungsregeln des antiken Theaters ab, die ursprünglich auf die altgriechische Sprache bezogen waren. Stattdessen wählt Shakespeare ein Versmaß, das ohne Reim auskommt und der dramatischen Sprache trotzdem einen durchgängigen Rhythmus verleiht:

ROMEO.
Alas that love, whose view is muffled, still
– v – v – v – v – v
Should without eyes see pathways to his will!
– v – v – v – v – v
Where shall we dine? O me, what fray was here?
– v – v – v – v – v
Yet tell me not, for I have heard it all. (I,1,170ff.)
– v – v – v – v – v

ungebundene/gebundene Rede: **prose / metrical language**
gesprochene Sprache, Umgangssprache: **colloquial language**
im Gegensatz zu: **contrary to**

Dieses Versmaß aus fünffüßigen Jamben ohne Reimzwang nennt man Blankvers. Der Jambus gilt als getragenes Metrum und verleiht der dramatischen Sprache somit die geforderte rhythmische Klarheit und Eleganz. Gleichzeitig ist der Blankvers flexibel genug, um problemlose Wechsel in Sprache und Stilhöhe zu ermöglichen.

Der Blankvers

Beim obigen Beispiel etwa beginnt Romeos Rede in der Form der traditionellen (gereimten) Liebeslyrik. Um seine Liebe zu beschreiben, bemüht Romeo ein traditionelles literarisches Klischee: Es ist das Bild des Liebesgottes Cupido, Sohn der Venus, welcher üblicherweise mit verbundenen Augen (»view… muffled«) dargestellt wird. Im nahtlosen Übergang erfolgt dann Romeos profane Frage an seinen Freund Benvolio nach den Plänen für den Abend: »Where shall we dine?« Ähnlich kontrastreiche Stilwechsel wie dieser Sprung vom metaphernreichen hohen Stil der petrarkistischen Liebeslyrik zur Alltagssprache (niederer Stil) ziehen sich durch den gesamten Text. Das sorgt für Abwechslung und spricht alle zeitgenössischen Publikumsschichten an.

Vorausdeutungen und Anspielungen

verschaffen dem Publikum zunächst eine Übersicht über den komplex angelegten Handlungsgang des Stücks. Nachdem Romeo Juliet kennen gelernt hat, beschleicht ihn eine erste Todesahnung (I,4,106–113); seine Beschreibung Juliets als eine Taube unter Krähen und Raben (I,5,48) verweist bereits auf das tragische Ende des Stücks. Bekräftigt

Vorausdeutung: hier: **foreboding**

wird diese Vorausdeutung, indem Juliet die Krähenmetapher später wiederholt (III,2,17–20); Krähenschwärme gelten traditionell als Vorboten des Todes.

Die zahlreichen Vorausdeutungen und Anspielungen dienen aber auch der Verbindung von Gegensätzen. So warnt der weise Mönch Romeo und Juliet vor der zerstörerischen Kraft der Liebe (II,6,9ff.); Juliet nennt Hochzeitslager und Todesbett in einem Atemzug (I,5,134; vgl. auch II,3,5f.). Romeo greift diese Verbindung auf, als er in der letzten Szene mit der Giftflasche in der Hand die Capulet-Gruft hinabsteigt (V,3,28).

Liebe und Tod bilden also eine Einheit (vgl. auch III,2,21f.), denn erst auf dem gemeinsamen Todesbett erfüllt sich Romeos und Juliets ewige Liebe (V,3,28).

Tag- und Nachtmetaphorik

Um komplexe Botschaften für ein gemischtes Publikum verständlicher zu gestalten, verwendet Shakespeare eine kontrastreiche Metaphorik. Einzelne Handlungssequenzen lassen sich so mühelos zuordnen.

Juliet wünscht sich die Nacht herbei, weil sie Romeo tagsüber nicht treffen kann (III,2,17–20); die Dunkelheit hilft den Liebenden dabei, ihre heimliche Verbindung verborgen zu halten, die schließlich in der Hochzeitsnacht

Krähenmetapher: **crow metaphor**
Krähenschwarm: **swarm of crows**
Vorboten des Todes: **harbinger of death**
Verbindung von Gegensätzen: **combination of opposites**
in einem Atemzug nennen: **to mention (two things) in one breath**

gipfelt (III,3,147). Die Nacht ist also die Sphäre der Liebe.

Der Tag hingegen wirft ein Licht auf den Hass und die Gewalt der verfeindeten Familien. Romeo und Juliet drohen dadurch Gefahren; so muss Romeo in der Morgendämmerung aus Juliets Kammer fliehen, um nicht ihren Leuten in die Hände zu fallen (III,5). Juliet beklagt den Tagesanbruch, weil er nach der Hochzeitsnacht die Trennung der Liebenden bedeutet (III,5,1–36).

Mit dem Ablauf von vier Tagen und vier Nächten endet das Stück im Morgengrauen. Doch die Tages- und Nachtmetaphorik kehrt sich gegenüber der bisherigen Handlung in ihrer Bedeutung um: Diesmal steht der Tagesanbruch im Zeichen der Hoffnung auf einen Neuanfang, den Frieden zwischen den Häusern Montague und Capulet.

ein Licht auf etw. werfen: **to cast a light on s.th.**

6. Interpretation

Tödlicher Hass gegen unsterbliche Liebe

Für die erbitterte Familien-Dauerfehde zwischen den Capulets und den Montagues wird während der gesamten Handlung kein konkreter Anhaltspunkt genannt, um etwaige Hintergründe nachvollziehbar zu machen. Die verfeindeten Familien scheinen vielmehr von gegenseitigen Hass- und Rachegefühlen beseelt, die gänzlich irrationaler Natur sind und reflexartig aufflammen. Als Tybalt etwa auf Capulets Fest den maskierten Romeo an der Stimme erkennt, zieht er sofort sein Schwert (I,4,42,55 ff.). Tybalts Hassausbruch ist insofern für beide Fronten typisch, als sich der Erzürnte vernünftigen Argumenten (hier dem Gebot der Gastfreundschaft) blindwütig verschließt; erst das Machtwort des Hausherrn vermag Tybalt zu bändigen (43,70 ff.). Der Konflikt eskaliert: In III,1 verhallt Romeos Friedensangebot ungehört – und Tybalt erschlägt Romeos Freund Mercutio. Tybalt stirbt daraufhin von Romeos Hand und Lady Capulet fordert dafür Romeos Tod (87,149). Die mörderische Eigendynamik des Familienkrieges lässt die Katastrophe am Ende bereits deutlich erahnen.

Familienfehde: **family feud**
sich vernünftigen Argumenten verschließen: **to shut one's eyes to reason**
blindwütig: **blind with rage**
Machtwort: **peremptory order**
Friedensangebot: **offer of peace**

Inmitten eines hasserfüllten Umfelds ist zwischen den Stammhaltern der beiden verfeindeten Familien eine Liebesbeziehung entstanden. Die Natur dieser Liebesbeziehung ist absolut; es ist eine Liebe auf den ersten Blick, die Romeo und Juliet zu einer unauflösbaren Einheit verbindet. Ihren Hass auf die jeweilige Familie des anderen lassen Romeo und Juliet dabei ebenso wie die Realitäten ihres Umfeldes hinter sich (II,2,52,38). Die so Geläuterten versuchen sogar, die Realitäten zu ändern und die endlose Spirale von Gewalt und Gegengewalt zu durchbrechen. Dafür ernten sie völliges Unverständnis[7]: Als Romeo in III,1 auf die Provokationen von Juliets Cousin Tybalt hin seine Verbundenheit mit den Capulets betont und um Frieden bittet, wird seine Geste von Freund wie Feind als schändliche Schwäche gewertet (84,72). Der verhängnisvolle Automatismus von Gewalt und Gegengewalt nimmt unverändert seinen Lauf: Als Tybalt Romeos Freund Mercutio erschlägt, fällt plötzlich auch Romeo wieder in alte Muster zurück. Er macht sich den Vorwurf, durch Liebe verweichlicht zu sein (86,114f.), und gibt Tybalt den Tod. Doch Juliets Verzeihen verhütet wiederum, dass der Rachewunsch ihrer Mutter Wirklichkeit wird. Die nahende Katastrophe

Ideale Liebe

Umfeld: **milieu**

zu einer unauflösbaren Einheit verbinden: **to combine to an indivisible unity**

die Spirale von Gewalt und Gegengewalt durchbrechen: **to break through the selfdynamic patterns of violence and counterviolence**

Unverständnis: **lack of comprehension**

schändliche Schwäche: **disgraceful weakness**

wird dadurch freilich nicht aufgehoben, nur aufgeschoben; der Druck des Faktischen auf die realitätsferne Liebesbeziehung nimmt weiter zu (Verbannung Romeos, drohende Verheiratung Juliets mit Paris). Auch der Versuch Juliets, mit Hilfe ihres Beichtvaters die Vereinigung mit Romeo im Exil zu erreichen, misslingt. In letzter Konsequenz wählen Romeo wie Juliet unabhängig voneinander den Tod, mit dem sie ihre Liebe von Anfang an in einem Atemzug nennen (vgl. II,2,64) und dem sie so oft getrotzt haben. Der Tod ist ihr einziger Ausweg, um sich auf ewig miteinander zu vereinen; Sinnbild dafür ist die Doppelstatue, die dem Paar durch die Hinterbliebenen gestiftet werden soll (V,3,299–304). Die Liebe transzendiert also den Tod und wird somit unsterblich. Sie besiegt am Ende des Stückes sogar den mörderischen Hass: Capulet und Montague reichen sich über den Leichen ihrer Kinder endlich die Hand.

Liebe über den Tod hinaus

Zufall, Schicksal und göttliche Vorsehung

Romeo und Juliet lernen sich durch Zufall kennen – es ist Liebe auf den ersten Blick. Verhängnisvollerweise stammen sie aus zwei verfeindeten Familien, die einander seit Generationen bis aufs Blut bekämpfen – Ironie des Schicksals. Der Glaube an das Schicksal in Gestalt der launischen Göttin Fortuna (lat.: [Un-]Glück) ist zu Shakespeares Zeiten weit verbreitet. Demnach sorgte Fortuna ohne äußerlich er-

Ausweg: **solution, way out of s.th.**
durch Zufall: **by chance**
Ironie des Schicksals: **irony of fate**

kennbaren Plan einmal für Reichtum und Glück, und ein andermal stürzte sie die Menschen in Tod und Verderben. Zufälle, unglückliche zumal, interpretierten die Menschen meist als sichtbare Zeichen des Schicksals. So sind es Zufälle, welche die Liebenden ihr tragisches Ende schon früh vorausahnen lassen (I,4,106–113). Eine wahre Kette unglücklicher Zufälle[8] bringt schließlich den Befreiungsplan des Beichtvaters, der die Liebenden zusammenführen will, zum Scheitern: Der Bote, der Romeo in das Komplott um Juliets Scheintod einweihen soll, wird von den Pestwächtern aufgehalten; im Ergebnis hält Romeo die schlafende Geliebte tatsächlich für tot und vergiftet sich. Dass sich Romeo selbst als Spielball des Schicksals sieht (III,1,136), deckt sich mit der Vorausdeutung im Prolog (7,6); das Schicksal der Liebenden steht also unter einem bösen Vorzeichen.

Der Unstern über den Liebenden

Dies verdeutlichen zu Beginn des Stücks auch die Geschehnisse in Verona: Die öffentliche Ordnung (als Abbild des Staatswesens) präsentiert sich im Zustand blutiger Anarchie. Die Auseinandersetzungen zwischen den verfeindeten Familien geschehen auf öffentlichen Plätzen, und selbst das Machtwort des Herrschers, Prinz Escalus, kann die Feindseligkeiten nicht eindämmen. Stattdessen bricht der beidseitige Hass bei nächster Gelegenheit wieder aus und fordert auf beiden Seiten Tote (III,1). Prinz Escalus ver-

unglücklicher Zufall: **mischance**
Kette unglücklicher Zufälle: **chain of unlucky circumstances**
jdn. für tot halten: **to think s.b. dead**
Spielball, Opfer des Schicksals: **victim of coincidence**
Abbild des Staatswesens: hier: **reflection of (Veronese) society**
Auseinandersetzung: **brawl**

bannt Romeo daraufhin aus Verona, doch die alten Feindschaften lodern weiter: Lady Capulet ruft nach Blutrache. Und Romeo erschlägt bei seiner heimlichen Rückkehr zunächst Paris, ehe er sich selbst den Tod gibt. Erst nach dem Tod der Liebenden söhnen sich die Familienoberhäupter miteinander aus. Die Katastrophe – der Tod der beiden einzigen Nachkommen der ehedem verfeindeten Häuser – wird nunmehr durch die Einkehr universeller Harmonie in Verona überstrahlt; der Prinz verkündet in seinem Schlusswort die Wiederherstellung der öffentlich-staatlichen Ordnung. So gesehen schließt das Stück nach elisabethanischen Maßstäben mit einem »happy ending«, galt doch das harmonische Staatsgefüge als Abbild der gottgewollten Weltordnung. Der Herrscher – im Stück Prinz Escalus, im wahren Leben Königin Elisabeth I. von England – fungierte als irdischer Stellvertreter Gottes und garantierte für Frieden, Ordnung und Gerechtigkeit. Die positive Botschaft am Ende des Stückes besagt also, dass sich die göttliche Ordnung wie in V,3 nach jeder noch so großen Zerrüttung am Ende immer durchsetzen wird. Zu Shakespeares Zeiten gingen die Menschen nämlich davon aus, dass die göttliche Vorsehung, also der Heilsplan für die universelle Ordnung

Die göttliche Weltordnung

weiter lodern, bestehen bleiben: **to prevail**
Rückkehr: **return**
verkünden: **to announce**
gottgewollte Weltordnung: **divine order of all things**
im wahren Leben: **in real life**
irdischer Stellvertreter Gottes: **God's representative on Earth**
Zerrüttung: **disruption**
göttliche Vorsehung: **Providence** (ohne Artikel)

der Dinge von Anbeginn der Zeit, mit allumfassender Gerechtigkeit über den Dingen waltet. Sie kennt bereits den Ausgang aller Abläufe im Universum. Selbst Schicksal und Zufälle können gegen die natürliche Ordnung nichts ausrichten – sie stellen lediglich die Menschen auf die Probe. Die göttliche Vorsehung regeneriert sich nach jeder Störung von selbst. Daher gehen in *Romeo and Juliet* lediglich die privaten Schicksale der Liebenden, ihrer hinterbliebenen Eltern und der an der Fehde Beteiligten tragisch aus; das öffentliche Verona hingegen erstrahlt in neu gewonnener Harmonie. Die Statue Romeos und Juliets, die die Liebenden und damit deren Häuser im Tode auf ewig vereint, symbolisiert dies.

Das Konzept der Tragödie

Die Rahmenhandlung der Liebesgeschichte Romeos und Juliets hat Shakespeare ebenso wie die Schicksalsthematik teilweise aus antiken und mittelalterlichen Vorlagen übernommen. Schicksal und Zufälle lassen eine Handlung zwar als besonders tragisch erscheinen, bewirken aber nach Shakespeares Maßstäben noch keine Tragödie. Eine wichtige Rolle spielt hingegen die irrationale Natur der Familienfehde (vgl. I,1,88): Es handelt sich dabei um eine negative

von Anbeginn der Zeit: **before the beginning of Time**
mit allumfassender Gerechtigkeit über den Dingen walten: **to preside over all things in absolute justice**
Abläufe im Universum: **course of all events**
sich regenerieren: **to regenerate o.s.**

Leidenschaft, für die im Verlauf der Handlung kein konkreter Grund genannt wird und die sich vernünftigen Argumenten von vornherein verschließt. Der Hass auf das feindliche Lager wird nicht hinterfragt, sondern entlädt sich reflexartig und bringt immer neue Bluttaten hervor. Der einzige Schlüssel zur Überwindung dieses anerzogenen Hasses ist die Vernunft. So erkennt Juliet die Irrationalität und Sinnlosigkeit der Fehde: »Tis but thy name that is my enemy« (II,2,38). Die eigendynamische Spirale der Leidenschaften (Hass, Gewalt und Blutrache) vermag die Vernunft aber nicht aufzuhalten. Die Familienfehde gerät geradezu zum Selbstzweck; dabei laden alle Beteiligten Schuld auf sich, weil sie sich von ihren Leidenschaften steuern lassen, anstatt sich durch Vernunftgründe zu zügeln. Nach elisabethanischem Dafürhalten ist die Abkehr von der Vernunft eine große Sünde: Die Vernunft gilt als göttliches Geschenk, die allein es dem Menschen ermöglicht, das Gute zu erkennen und danach zu handeln. Das Gute ist generell gesprochen immer der Heilsplan Gottes,

Sieg der Leidenschaften über die Vernunft

Leidenschaft: **passion**
kein konkreter Grund: **no tangible reason**
feindliches Lager: **rival camp**
immer neue Bluttaten hervorbringen: **to lead constantly to new bloody deeds**
erkennen (zu einer Erkenntnis kommen): **to realize;** jdn. erkennen: **to recognize**
eigendynamisch: **self-dynamic**
sich von seinen Leidenschaften steuern lassen: **to let o.s. be governed by one's passions**
göttliches Geschenk: **gift of God**

der in diesem Falle in Gestalt der öffentlichen Ordnung in Verona gestört ist. Weil sich die Capulets und die Montagues aber zu blutigen Fehden hinreißen lassen, werden sie nach christlicher Lesart durch die göttliche Vorsehung bestraft. Ihre vernünftige Erkenntnis und die gegenseitige Aussöhnung kommen zu spät, da sich die privaten Schicksale der beiden Familien bereits vollendet haben: Die Liebenden sind die einzigen Nachkommen, ihr Tod bedeutet den Untergang beider Häuser.

Wie in Shakespeares anderen großen Tragödien beleuchtet die Handlung von *Romeo and Juliet* die Verquickung von (tragischem) Schicksal und Unvernunft sowie die verheerenden Auswirkungen auf das staatliche Ordnungsgefüge (Schabert, 512). Das Tragische dieser Konstellation: Im Mittelpunkt des Konflikts stehen potentiell edle Menschen, die selbst an ihrer zunehmenden Schuldverstrickung (hier: der blutigen Fehde) leiden. Die gerechte Strafe folgt auf dem Fuße und stellt die natürliche Ordnung wieder her.

der Heilsplan Gottes, der in diesem Falle in Gestalt der öffentlichen Ordnung in Verona gestört ist: **the disruption of the Divine order of things is represented here by the (chaotic) state of public order in Verona**

Nachkommen: **descendants**

Verquickung von tragischem Schicksal und Unvernunft: **combination of tragic fortune and lack of wisdom**

7. Autor und Zeit

Das genaue Geburtsdatum William Shakespeares ist umstritten; in der Forschung hat man sich inzwischen darauf geeinigt, dass Shakespeare am 23. April 1564 in Stratford-upon-Avon (England) zur Welt gekommen ist. Er ist das dritte von insgesamt acht Kindern; Vater John Shakespeare fungiert in Stratford als Ratsherr und Bürgermeister. Diese Stellung verhilft seinem lernbegierigen Sohn William zum Besuch der Lateinschule. Hier wirkt er eifrig bei Schultheateraufführungen mit und entdeckt dabei seine Liebe zu den Dramen und der Mythologie des klassischen Altertums. Gern besucht William auch die Theateraufführungen und Zirkusvorstellungen fahrender Spieltruppen, die unter Bürgermeister John Shakespeare des Öfteren in Stratford Station machen.

Besuch des altsprachlichen Gymnasiums

Mit 18 Jahren heiratet William Shakespeare die um acht Jahre ältere Anne Hathaway. Das Paar bekommt ein Jahr später das erste Kind und weitere zwei Jahre später Zwillinge. 1587 springt Shakespeare als Ersatzmann bei der Schauspieltruppe »Queen's Men« ein, die gerade in Stratford gastiert. Auf diese Weise gelangt er nach London; seine Familie lässt er in Stratford zurück. In den Londoner Literatenzirkeln und Salons erregt Shakespeare mit seinen ersten Bühnenerfolgen als Autor und Schauspieler bald nicht nur Bewunderung: insbesondere Literaten mit Universitätsab-

Ratsherr: **alderman**
Lateinschule: **grammar school**
Literatenzirkel: **literary circle**

William Shakespeare
Porträt von Martin Droeshout auf dem Titelblatt der Ausgabe von 1623

schluss neiden dem Emporkömmling aus der Provinz, der nie eine Universität besucht hat, seine exzellente Kenntnis alter Sprachen und Literatur. Immer wieder zeihen Missgünstige Shakespeare des Plagiats. Eines Tages wird Shakespeare gar Zielscheibe einer öffentlichen Schlammschlacht: Der Schriftsteller Robert Greene attackiert ihn in einer Schmähschrift. Kurz darauf stirbt Greene; sein Verleger Henry Chettle nimmt Shakespeare in einer Gegenschrift in Schutz. Tatsächlich wird Shakespeare von weiten Teilen der Londoner Öffentlichkeit hoch geschätzt: Das niedere Publikum liebt die abwechslungsreiche Dramaturgie und alltagsnahen Figuren seiner Bühnenstücke. Die gebildeten Gesellschaftsschichten hingegen erfreuen sich an der sprachlichen und rhetorischen Eleganz sowie an den geistreichen Variationen antiker Motive. Als die Londoner Theater auf Grund wiederkehrender Pestepidemien zwischen 1592 und 1594 mehrmals schließen müssen, nutzt Shakespeare die Zeit zum Dichten und für Public Relations. Er verfasst die beiden Verserzählungen *Venus and Adonis* sowie *Lucrece.* Es sind Prestigeprojekte, weil sie zum Lesen gedacht sind und daher gebildete Publikumsschichten ansprechen. Der junge Adlige Southampton wird in dieser

Bewunderer und Neider in London

Emporkömmling aus der Provinz: **parvenu from the provinces**
Kenntnis: **knowlege of, skill(s) in**
Zielscheibe einer öffentlichen Schlammschlacht werden: **to be humiliated in public**
Schmähschrift: **libellous pamphlet**
in Schutz nehmen: **to defend**
abwechslungsreich: **diverse**
geistreich: **imaginative, witty**

Zeit zu seinem Freund und Gönner. 1595 tritt Shakespeare der Schauspielgruppe »The Chamberlain's Men« bei, die den Namen eines hohen Hofbeamten führt und am Hofe spielen darf. Nach dem Tode Königin Elisabeths I. übernimmt der kunstsinnige König James I. das Zepter. Der neue Monarch hat eine ausgeprägte Schwäche für das Theater; 1603 gewährt er die Umbennung der Schauspieltruppe in »The King's Men«.[9] Für Shakespeare bedeutet diese Wende den Durchbruch; er erhält die Erlaubnis, ein Familienwappen zu führen, und kauft in Stratford für seine Familie ein repräsentatives Haus (»New Place«). Shakespeare bleibt noch mehrere Jahre in London, wo er weitere Theaterstücke und Gedichte schreibt und bei Hof an zahlreichen glanzvollen Theaterproduktionen mitwirkt. Auf dem Höhepunkt seines Ruhmes zieht sich Shakespeare 1612 zu seiner Familie nach Stratford zurück. Dort stirbt er am 23. April 1616.[10]

Protektion durch die Krone

Die Hauptwerke und ihre literaturgeschichtliche Einordnung

Die Sonette

Shakespeare ist nicht allein wegen seiner Dramen weltberühmt. Unzählige Leser schätzen ihn auch wegen seiner Liebessonette. Ein Sonett bezeichnet ein traditionelles lyrisches Versschema, das aus einem Quartett (Vierzeiler) und zwei Terzetten (Dreizeilern) sowie einem stringenten Reimschema besteht. Lange Zeit galt diese formal wie sprachlich

Gönner: **patron**
Reimschema: **rhyme pattern**

sehr kunstvoll gestaltete Gedichtart als Ausweis höchsten dichterischen Könnens.

Inhaltlich stehen Shakespeares Sonette in einer ganz bestimmten Tradition: Das Leitmotiv der 154 berühmten Gedichte ist die unerfüllte Sehnsucht des lyrischen Ichs nach seiner/m unerreichbaren Angebeteten. Wichtigstes literarisches Vorbild ist für Shakespeares Sonette die Liebeslyrik des frühneuzeitlichen italienischen Dichters Francesco Petrarca.

Weder bei Petrarca noch bei Shakespeare ist indes das klagende lyrische Ich in der Rolle des schmachtenden Liebhabers mit dem realen Autor gleichzusetzen. Es geht nicht um die Beschreibung authentischer Gefühle aus der eigenen Biographie. Gegenstand der Gedichte ist vielmehr ein kunstvolles Spiel mit Gedanken und Sprache: Die Angebetete ist eine imaginäre Figur, in der sich die rätselhaften, unaussprechlichen Sehnsüchte des lyrischen Ichs reflektieren. Es geht also nicht um Liebe, sondern um eine poetische Selbstanalyse des lyrischen Ichs. Diese aus dem höfischen Bereich stammende Lyrikkonzeption ist letztendlich Selbstzweck und übermittelt keine darüber hinausgehenden Botschaften.

Ausweis dichterischen Könnens: **proof of poetic accomplishment**
kunstvolles Spiel: **elaborated play on s.th.**
rätselhaft: **mysterious**
unaussprechlich: **unspeakable**
poetische Selbstanalyse: **poetic self-reflection**

Die Historien

In seinen »History Plays« dramatisiert Shakespeare den Aufstieg und Fall mehrerer historischer englischer Herrschergestalten. Dabei interessiert sich Shakespeare hauptsächlich für den jeweiligen Charakter des Herrschers und untersucht die Auswirkungen auf dessen Politik sowie das staatliche Ordnungsgefüge.

In seiner Geschichtsauffassung orientiert sich Shakespeare deutlich am zeitgenössischen Weltbild: Königin Elisabeth I. gilt den Engländern nach langen Jahren der Kriegswirren und blutigen Intrigen ihrer Vorgänger als Heilsbringerin. In der Tat entwickelt sich das elisabethanische England zum mächtigen »Empire«. Es entsteht ein stolzes Nationalbewusstsein, das von allen Bevölkerungsschichten gleichermaßen geteilt wird; Shakespeares Historiendramen geraten in den zeitgenössischen Londoner Theatern bald zu echten Kassenschlagern und machen den »Volksdichter« bald in ganz Europa bekannt: In Deutschland stehen Shakespeares Historiendramen gar Pate für Goethes *Götz von Berlichingen* (1773).

King Henry VI, 1590–92
King Richard III, 1592/93
King John, 1594–97
King Richard II, 1595
King Henry IV, 1596/97

Herrschergestalt: **royal character**
Auswirkungen: **effects**
Heilsbringerin: **creator of well-being**
Nationalbewusstsein: **feeling of national identity**

Die Komödien

Im Unterschied zu den meisten Komödien aristotelischer Tradition erzählen Shakespeares Stücke nicht in erster Linie lächerliche Geschichten über einfache Leute. Es handelt sich vielmehr meist um Liebesgeschichten. Sie bringen zwar das Publikum mit peinlichen Verwechslungen und Missverständnissen zum Lachen, verfolgen aber in erster Linie einen durchaus ernsten Zweck: Angesichts jahrelang erlittener Kriegswirren, Nöte und Entbehrungen soll das zeitgenössische Publikum insgesamt zu einem harmonischen Miteinander gebracht werden.

Love's Labour's Lost, 1593/94
A Midsummer Night's Dream, um 1595/96
As You Like It, um 1593; Überarbeitung 1599
The Merchant of Venice, 1596–98
Much Ado About Nothing, 1598/99
Twelfth Night, um 1599

Die Römerdramen

Shakespeare dramatisiert nicht allein den Aufstieg und Fall englischer Könige, sondern setzt auch Herrscher- und Heldenfiguren aus anderen Ländern Denkmäler. So lässt Shakespeare sich durch die Schriften Plutarchs zu den so genannten »Römerdramen« über Julius Caesar, Mark Anton und Cleopatra inspirieren.

Verwechslungen und Missverständnisse: **confusion and misunderstandings**

Diese Stücke konzentrieren sich allerdings weniger auf genaue historische Abläufe als vielmehr auf die Charaktere der Herrscherfiguren sowie die Auswirkungen der persönlichen Ethik eines Herrschers auf das staatliche Ordnungsgefüge.

Julius Caesar, 1599
Anthony and Cleopatra, um 1606

Die großen Tragödien

In späteren Dramen entwickelt Shakespeare, etwa am Beispiel des dänischen Prinzen Hamlet oder des schottischen Tyrannen Macbeth, seine berühmte Konzeption der Tragödie. Dabei gerät ein potentiell guter Mensch, meist ein Herrscher, auf Grund einer Charakterschwäche in Versuchung und verstrickt sich in Schuld. Obwohl der tragische Held seine Verfehlung erkennt und darunter leidet, ist sein Untergang unausweichlich. Denn nach Shakespeares Auffassung werden moralische Verfehlungen der Menschen zwangsläufig durch die umfassende Gerechtigkeit der göttlichen Vorsehung bestraft.

Hamlet, 1602
Othello, 1604
King Lear, 1604/05
Macbeth, 1605/06
Timon of Athens, 1607/08

persönliche Ethik: **personal code of morals**
moralische Verfehlungen: **moral offences**

8. Rezeption

Nicht allein auf Grund seiner zeitlosen Thematik – der verbotenen Liebe – gehört die Tragödie Romeos and Juliets seit ihrer Entstehung zu den wohl beliebtesten und bekanntesten Werken der Literatur. Rasch erreichte sie Kontinentaleuropa – so ist eine Aufführung aus dem Jahre 1604 in Nördlingen überliefert. Zahlreiche Autoren versuchten mit eigenen Variationen des Stücks an Shakespeares Erfolg anzuknüpfen – vergeblich, auch Schlegels und Goethes Bearbeitungen von 1797 bzw. 1812 kamen über spätere Erwähnungen in deren Bibliographien nicht hinaus. Im 19. und 20. Jahrhundert machten die Orchesterphantasien über *Romeo and Juliet* von Tschaikowsky und das Ballett von Prokofjew von sich reden. 1967 übertrug Leonard Bernstein die »Romeo and Juliet«-Thematik in seinem berühmten Musicalfilm *West Side Story* auf die Verhältnisse einer modernen Metropole: Der junge »Jet« Tony aus kleinbürgerlicher (weißer) Familie verliebt sich in die junge Maria, die als Tochter puertoricanischer Einwanderer als Bürgerin zweiter Klasse gilt. Die Liebesgeschichte endet tragisch, weil sie den miteinander rivalisierenden Cliquen der Liebenden nicht gefällt. Nach unzähligen dramatischen und melodramatischen Filmproduktionen zum Thema gesellschaftlich verbotener Liebesbeziehungen entdeckte auch Hollywood in jüngster Zeit Shakespeares *Romeo and Juliet*

beliebt: **well-liked, celebrated**
Kontinentaleuropa: **continental Europe**
an Shakespeares Erfolg anknüpfen: **to pick up the thread of (Shakespeare's) success**

als Vorlage. Im Jahre 1996 entstand dabei mit Teenieschwarm Leonardo DiCaprio in der Rolle des Romeo ein Kassenschlager, der zwar im gegenwärtigen Los Angeles spielt, sich in seinen Sprechrollen aber sehr eng an die literarische Vorlage hält.

Teenieschwarm: **teenagers' idol**
im gegenwärtigen Los Angeles: **in contemporary L. A.**

9. Checklist: Revision for Term Papers & Finals

1./2. Coming to grips with the contents

1.1. Introducing *Romeo and Juliet.* (pp 5–6)

2.1. Write a short summary (Zusammenfassung) of the plot (Handlung). (pp 7–18)

3. The characters in the play

3.1. Give a short description of each character in the play. (pp 19–31)

4. The structure of the play

4.1. In what ways does *Romeo and Juliet* differ from classical drama? (pp 32–34)

5. Looking at the language

5.1. What was so special about the style and language of the play in its time? (pp 36–45)

5.2. Look at the way Romeo expresses his love for Rosaline (I,1,175–181) and describe his language. Use also the Reclam annotations (Text, p 164). (pp 38–39)

5.3. Now compare Romeo's words (I,2,175–181) to the comment Juliet gives after her first encounter (Zusammentreffen) with him in scene I,5 (138–141). You might find the language of both quotations (Zitate) to appear quite similar, but might there be a difference in meaning?

5.4. There is a good deal of funny language in the play. Romeo's friend Mercutio, for example, enjoys cracking jokes (Witze reißen). Read his song in scene II,4,128–133. Underline any words with a double meaning and explain any plays on words (Wortspiele) and puns (Paronomasien = Worte mit gleichem Klang und unterschiedlichen Bedeutungen), using the Reclam annotations to help you. Find three more of Mercutio's mischievous puns in II,1.

5.5. Describe the way Mercutio plays with words.

5.6. Shakespeare uses both metrical language and prose. Which characters speak in prose in scenes II,3 and II,4? Find reasons for Shakespeare's choice. (pp 41–43)

5.7. Say how the tragic end of the play is predicted. (pp 43–44)

6. Interpretation: Understanding the play

6.1. Describe the opposition of hate and love in the play. (pp 46–48)

6.2. What kind of love do you think *Romeo and Juliet* is all about? Use chapter 3 (the article on Juliet's character, pp 22–25) for help.

6.3. What is the difference between chance, fate, and Providence? Explain and relate your ideas to the plot. (pp 48–51)

6.4. Relate the plot to Shakespeare's notion of Tragedy. Which of the three main elements can you make out (= ausmachen)? (pp 51–53)
Use quotations (Zitate) from the text to back up your arguments.

7. The author in his time

7.1. What do you know about Shakespeare's life and work? Write a short summary. (pp 54–57)

8. The reception of *Romeo and Juliet* by the public

8.1. Would you call the play a success? Why? (pp 62–63)

9. Creative writing

9.1. Imagine a scene like II,2 happening between two teenagers from conflicting backgrounds today, and write your own short scenario.

9.2. Imagine the Friar's plan had worked out in the end, and that Juliet had been allowed to live a long and happy life as Romeo's wife. Sixty years later, Juliet's teenage granddaughter comes asking for advice, because her boyfriend is not welcome to her parents. What might Juliet say? Create a short dialogue.

9.3. What lessons do you think people should draw from *Romeo and Juliet* in general? Is there anything you have learned from the play?

10. Lektüretipps

William Shakespeare: Romeo and Juliet. Hrsg. von Herbert Geisen. Stuttgart 1994 [u. ö.]. (Reclams UB. 9005.) – *Nach dieser Ausgabe wird zitiert.*

– Romeo and Juliet. Hrsg. von Rex Gibson. Cambridge School Edition. 2nd Edition. Cambridge: Cambridge University Press, 1998.

– Romeo and Juliet / Romeo und Julia. Engl./Dt. Übers. und hrsg. von Herbert Geisen. Stuttgart 1979 [u. ö.]. (Reclams UB. 9942.)

– Romeo und Julia. Übers. von August Wilhelm von Schlegel. Hrsg. von Dietrich Klose. Nachw. von Herbert Geisen. Stuttgart 1969 [u. ö.].

Jens, Walter (Hrsg.): Kindlers Neues Literaturlexikon. Bd. 15. München 1998.

Phillips, Brian: SparkNote on Romeo and Juliet. 11 May 2007.
http://www.sparknotes.com/shakespeare/romeojuliet

Poppe, Reiner: Literaturwissen: William Shakespeare. Stuttgart 2002. (Reclams UB. 15224.) S. 35–57.

– Erläuterungen und Dokumente: William Shakespeare: *Romeo und Julia*. Stuttgart 2002. (Reclams UB. 16029.)

Rolle, Dietrich: William Shakespeare: *Romeo and Juliet*. In: Interpretationen: Shakespeares Dramen. Stuttgart 2000 [u. ö.]. (Reclams UB. 17513.) S. 99–128.

Schabert, Ina (Hrsg.): Shakespeare-Handbuch. Die Zeit – Der Mensch – Das Werk – Die Nachwelt. Stuttgart 1972.

Suerbaum, Ulrich: Der Shakespeare-Führer. Stuttgart 2001.

– Das elisabethanische Zeitalter. Stuttgart 1989 [u. ö.]. (Reclams UB. 8622.)

Anmerkungen

1 Vgl. zu den Personen auch Gibson in: *Romeo and Juliet* (1998).
2 Vgl. Brian Phillips, *SparkNote on Romeo and Julie*t, 11 may 2007. http://www.sparknotes.com/shakespeare/romeojuliet/canalysis.html
3 Vgl. Schabert, S. 511.
4 Vgl. hierzu auch: Phillips (Anm. 2).
5 Vgl. im Folgenden auch: Schabert, S. 511 ff.
6 Vgl. zur dramatischen Sprache und stilistischen Mitteln insbesondere Gibson in: *Romeo and Juliet* (1998).
7 Vgl. Schabert, S. 512 f.
8 Vgl. Schabert, S. 513.
9 Vgl. Gibson (Anm. 1), S. 220.
10 Vgl. zu Shakespeares Leben: Schabert, S. 144–157.

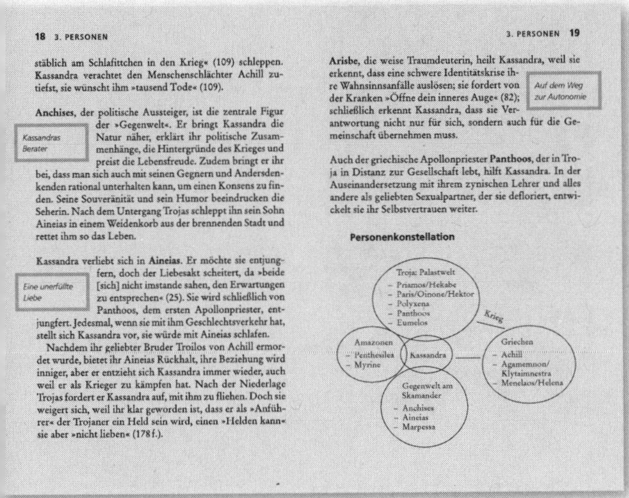

18 3. PERSONEN

stäblich am Schlafittchen in den Krieg« (109) schleppen. Kassandra verachtet den Menschenschlächter Achill zutiefst, sie wünscht ihm »tausend Tode« (109).

Kassandras Berater

Anchises, der politische Aussteiger, ist die zentrale Figur der »Gegenwelt«. Er bringt Kassandra die Natur näher, erklärt ihr politische Zusammenhänge, die Hintergründe des Krieges und preist die Lebensfreude. Zudem bringt er ihr bei, dass man sich auch mit seinen Gegnern und Andersdenkenden rational unterhalten kann, um einen Konsens zu finden. Seine Souveränität und sein Humor beeindrucken die Seherin. Nach dem Untergang Trojas schleppt ihn sein Sohn Aineias in einem Weidenkorb aus der brennenden Stadt und rettet ihm so das Leben.

Eine unerfüllte Liebe

Kassandra verliebt sich in **Aineias**. Er möchte sie entjungfern, doch der Liebesakt scheitert, da »beide [sich] nicht imstande sahen, den Erwartungen zu entsprechen« (25). Sie wird schließlich von Panthoos, dem ersten Apollonpriester, entjungfert. Jedesmal, wenn sie mit ihm Geschlechtsverkehr hat, stellt sich Kassandra vor, sie würde mit Aineias schlafen.

Nachdem ihr geliebter Bruder Troilos von Achill ermordet wurde, bietet ihr Aineias Rückhalt, ihre Beziehung wird inniger, aber er entzieht sich Kassandra immer wieder, auch weil er als Krieger zu kämpfen hat. Nach der Niederlage Trojas fordert er Kassandra auf, mit ihm zu fliehen. Doch sie weigert sich, weil ihr klar geworden ist, dass er als »Anführer« der Trojaner ein Held sein wird, einen »Helden kann« sie aber »nicht lieben« (178 f.).

3. PERSONEN 19

Auf dem Weg zur Autonomie

Arisbe, die weise Traumdeuterin, heilt Kassandra, weil sie erkennt, dass eine schwere Identitätskrise ihre Wahnsinnsanfälle auslösen; sie fordert von der Kranken »Öffne dein inneres Auge« (82); schließlich erkennt Kassandra, dass sie Verantwortung nicht nur für sich, sondern auch für die Gemeinschaft übernehmen muss.

Auch der griechische Apollonpriester **Panthoos**, der in Troja in Distanz zur Gesellschaft lebt, hilft Kassandra. In der Auseinandersetzung mit ihrem zynischen Lehrer und alles andere als geliebten Sexualpartner, der sie defloriert, entwickelt sie ihr Selbstvertrauen weiter.

Personenkonstellation

Alles, was man für die Schule wissen muss

- »» in verständlicher Sprache
- »» knapp, in klar gegliederten Texteinheiten
- »» kompetent – verfasst von erfahrenen Schulpraktikern
- »» in lesefreundlichem Layout

FÜR SCHÜLERINNEN UND SCHÜLER

FREMDSPRACHEN-LEKTÜRESCHLÜSSEL

- beziehen sich auf den englischen oder französischen **Originaltext**
- sind **deutsch geschrieben** und unterstützen gleichermaßen die Lektüre der deutschen Übersetzung
- enthalten **Schlüsselbegriffe** und **Übersetzungshilfen in der jeweiligen Fremdsprache**, um ein fremdsprachiges Referieren über das Werk zu erleichtern

FÜR SCHÜLERINNEN UND SCHÜLER